Henry Bueno

Revisión de aportes para el Camino Sinodal

Henry Bueno

Revisión de aportes para el Camino Sinodal

Desde la cultura y las virtudes

CREDO EDICIONES

Imprint

Cover image: www.ingimage.com

Publisher:
CREDO EDICIONES
is a trademark of
Dodo Books Indian Ocean Ltd., member of the OmniScriptum S.R.L Publishing group
str. A.Russo 15, of. 61, Chisinau-2068, Republic of Moldova Europe
Printed at: see last page
ISBN: 978-613-5-58479-0

REVISIÒN DE APORTES PARA EL CAMINO SINODAL: DESDE LA CULTURA Y LAS VIRTUDES

Henry Wilder Bueno Orellana

CREDO EDITORIAL

¡Todos podemos vivir una vida digna y hacer las cosas que tienen sentido!

INDICE

PRESENTACIÒN

La revisión de aportes, constituye una fuente esencial para las investigaciones, en ese sentido este pequeño acopio de textos quiere derivar en fundamento del CAMINO SINODAL para los años 2021 – 2022 – 2023 y así acompañar por medio de sus reflexiones al crecimiento del espíritu humano en proximidad a lo divino, en esa alianza siempre vigente entre Dios y el hombre a través de JESUCRISTO.

El autor

REVISIÒN DE APORTES I

SOBRE LA CULTURA DE PENTECOSTÈS EN LA WEB

La cultura de pentecostés puede ser entendida como un proceso cíclico en el cual el Espíritu Santo sopla en la Iglesia "haciendo bajar en pan del cielo (AT) o descendiendo en formas de lenguas de fuego (NT)" ambas citas conducentes a reflexionar si es que hoy esas manifestaciones acaso no quedan expresas en "La Oración del Padre Nuestro" y cada vez que la repetimos nos podemos unir a éste.

CULTURA DE PENTECOSTÉS REINALDO BESERRA (Brasil)

LA BEATA ELENA GUERRA

Tengo en mis manos un relicario, un relicario que contiene los restos del cuerpo de la Beata Elena Guerra, una religiosa italiana que nació en 1935 y murió en 1914 cuando tenía 79 años, veremos que hay en común entre la cultura de Pentecostés y la Beata Elena Guerra. Como mencioné antes en esta reliquia está parte del cuerpo de la Beata, es una reliquia oficial y para los orientales tener presente una parte del cuerpo de un Santo o de un Beato, es como si tuviéramos presente a la propia persona. El Papa Benedicto XVI, el año pasado nos dijo algunas palabras sobre el culto a las reliquias y decía él en su catequesis de la Audiencia General del 16 de Mayo a partir de las enseñanzas de San Juan Damasel, que los católicos veneran las reliquias de los santos sobre la base de la convicción de que los santos cristianos al haber participado en la resurrección de Cristo, no pueden ser considerados simplemente como muertos, o sea nosotros estamos con la presencia, por el misterio de la comunión de los santos, de una persona tenida por la Iglesia como amiga de Dios. Por qué Elena Guerra es importante para la Renovación Carismática Católica o qué hace a esta mujer religiosa importante para nosotros; tenemos aquí un poster con su imagen importante para la cultura de Pentecostés. Elena Guerra es considerada hoy por la Iglesia y por eso fue beatificada como la “precursora de toda devoción, de toda espiritualidad al Espíritu Santo”. En los últimos tiempos, en el último siglo, y hoy de una manera sorprendente, los hermanos protestantes empiezan a reconocer en ella a aquella por la cual se empezó en el mundo todo el Pentecostalismo del último siglo. Nosotros sabemos que por largo tiempo el Espíritu Santo ocupó una posición de crecimiento en la reflexión teológica, en la liturgia, en la práctica devocional de los católicos, por cierto siempre la Iglesia profesó su fe en el Espíritu Santo; pero el Espíritu fue considerado como un dado teológico, una referencia, más no fuimos enseñados a tener con él una relación personal. Nosotros no fuimos evangelizados adecuadamente respecto al Espíritu Santo, no fuimos catequizados suficientemente en relación a la Persona del Espíritu Santo, a nosotros nos 2 bastaba saber que el Espíritu Santo era la Tercera Persona de la Santísima Trinidad, hubieron algunas dificultades en la historia de la Iglesia que la llevaron a esta situación, por ejemplo hubo una comunidad en el siglo II: los Montanistas, una comunidad que utilizaba fuertemente los carismas, y que finalmente se separó de la Iglesia por algunos abusos; este hecho, marcó negativamente las expresiones carismáticas que fueron surgiendo en los siglos siguientes. Después de los Montanistas, los Priscilianistas, los Donatistas, los Mesialianistas, los seguidores de Joaquín de Fiori. Lo cierto es que no hubo de parte de la Iglesia una atención adecuada a la presencia del Espíritu en la historia, en la economía de la salvación como se había dado a Jesucristo por medio de la Cristología. El propio San Agustín, en cuya casa estamos hoy, hizo una excelente teología pero trató sobre el Espíritu Santo solamente en relación a su Naturaleza, en relación a la Trinidad, pero no habló de su acción en la historia o de la devoción que los cristianos deberían tener para con el Espíritu, que no es una devoción cualquiera, pues es una devoción a una Persona Divina. Al final del siglo XVIII esta mujer Elena Guerra empieza a tener unas mociones espirituales, unas experiencias místicas personales reconocidas por la Iglesia, por eso fue beatificada, el propio Jesús hablaba con ella en estas experiencias y Jesús le decía: "Mira mi hija, se hace en la Iglesia todas las novenas de todos los santos, esto es muy bueno, pero de aquella novena que yo recomendé que se hiciese en mi partida, preparando para Pentecostés ¿quién lo hace en la Iglesia?, nadie. Fíjate mi hija se predica sobre todos los santos, esto también es muy bueno, pero sobre aquel que forma, que constituye, que genera los santos ¿quién predica sobre él?"; así Jesús va hablando con esta religiosa de Luca Matoscana en Italia y por siete años ella recibe estas mociones interiores y no hablaba con nadie, hasta que ella pensó que a lo mejor esto era una cosa que venía de sus propios pensamientos, y si fuera Jesús ¿qué haría con estas informaciones una pobrecita monjita del interior de Italia? Un día, durante la misa del domingo Jesús habló con una empleada de la casa religiosa que no conocía nada de estas mociones, nada, pero esta señora también se asustó y no habló nada con la madre Elena Guerra; la semana siguiente Jesús habló nuevamente con ella y esta vez Jesús es un poco duro con Herminia Georgetti, la señora empleada de la casa religiosa, y le dijo: "Si usted no habla con la madre de lo que yo le estoy hablando, yo no hablaré más con usted", Herminia, por tanto, busca a la madre Elena Guerra y le dice: "Madre no sé de qué se trata, qué está ocurriendo, pero el Señor Jesús habló conmigo la semana pasada, yo me quedé callada pero hoy el Señor habló una vez más y me dijo que le dijera a usted que es Él mismo que está hablando contigo y que es para que la señora escriba al Papá estas mociones". Elena Guerra toma más de 2 años reflexionando sobre esas cosas y presenta estas mociones a su director espiritual para que este lo presente a su obispo y que examine las mociones y constaten que de hecho tendrían razones sus inspiraciones, y de alguna manera establecen una correspondencia entre ella y el Papa de la época León XIII; de allí salen 14 cartas de Elena Guerra para León XIII, una se perdió pero tenemos 13 de estas cartas. Están escritas en italiano, también las tenemos en portugués y ahora las hemos publicado en julio último. En estas 3 cartas Elena Guerra fue hablando con León XIII, diciéndole mira Santo Padre sólo usted puede hacer que el Espíritu Santo vuelva a ser considerado en su Divinidad, en su realidad en la Iglesia. En 1895 el Papa escribe un pequeño documento que se llama "Provida Matris Caritatis", en el que recomienda a los Obispos del mundo que hagan una novena de preparación para la fiesta de Pentecostés para el año 96. Elena vuelve a escribir al Papa y le decía mira Su Santidad me parece que ocurrió muy poca cosa sobre lo que has escrito, muy pocas diócesis hicieron la novena y muchos entendieron que era sólo para aquel año, este año ya no la hicieron; entonces es cuando el Papa León XIII escribe la Primera Encíclica al Espíritu Santo Divino en todo el mundo, el 9 de Mayo de 1897. Después de nueve siglos la Primera Encíclica sobre el Espíritu Santo, en esa Encíclica el Santo Padre exhorta a los cristianos a la devoción al Espíritu Santo, explica por qué necesitábamos de Pentecostés, por qué era necesario que el Espíritu Santo llegue y al final del documento decreta: "Decretamos que a partir de hoy en todas las diócesis del mundo, y si es posible en todas las capillas se celebre por ocasión de Pentecostés una Novena de preparación y rogamos a los escritores, pensadores y teólogos, que den atención a la doctrina del Espíritu Santo y la tornen más adecuada al pueblo de Dios, porque tenemos grandes tratados al Espíritu Santo, pero nada de popular para el Pueblo", son tratados intratables para nosotros, normalmente escritos en Latín. Llega el final del siglo, en la noche del 31 de Diciembre de 1900 para el 1º de Enero de 1901, el Papa desde el Vaticano, en la celebración del paso del Siglo XIX para el Siglo XX entona un himno de invocación al Espíritu Santo, entona el himno "Veni Creator Spiritus" (Ven Espíritu Creador), un himno litúrgico del Siglo IX, enseguida ora la letanía del Espíritu Santo que él había compuesto y consagra el Siglo XX al Espíritu Santo, por primera vez en la historia consagra el Siglo XX. Después en 1903 va a escribir el tercer documento bajo la influencia de Elena Guerra, también recomendando a los obispos estas atenciones al Espíritu Santo, en este año León XIII muere. Lo que la Iglesia hoy reconoce hermanos y hermanas es que a partir de esta consagración del siglo empieza en la Iglesia una renovación especial, en relación a un reconocimiento a la presencia y la acción del Espíritu Santo. RENOVACIÓN EN LA IGLESIA Grandes renovaciones empiezan a acontecer en la Iglesia, en la vida litúrgica, en la vida misionera, en el pensamiento teológico, en el pensamiento político-social del propio

León XIII que va escribir la gran Encíclica Rerum Novarum. Un movimiento litúrgico y bíblico, una vuelta, una atención renovada a la Sagrada Escritura, fundación del Instituto Bíblico de Roma en Jerusalén, cambios como el que en la liturgia se van permitiendo de que las personas se acerquen más temprano a la Eucaristía. Así muchos hechos van aconteciendo. En 1943, el Papa Pío XII escribe una Encíclica llamada "Mystici Corporis" respecto al Cuerpo Místico de Jesús que es la Iglesia y en esta encíclica, por primera vez en los tiempos modernos, el Papa habla de los carismas diciendo que los carismas necesariamente no precisaban estar en conflicto con la institución, como acreditaban muchos hasta entonces, por cuenta de la historia, de los problemas de la historia, una 4 pequeña apertura a la teología de los carismas. Después Juan XXIII fue elegido Papa en Octubre de 1958; seis meses después, el 26 de Abril de 1959, el Papa Juan XXIII realiza su primera beatificación con Elena Guerra. Primera Beatificación porque se enamoraba él de las cosas relativas al Espíritu Santo que por causa de ella habían acontecido en la Iglesia. En su discurso de Beatificación Juan XXIII destaca que en la vida de Elena Guerra, "Es notable como todo converge a un cumplimiento de la misión que de parte de Dios le fue confiada de ser en nuestros tiempos el Apóstol de la devoción al Espíritu Santo y resalta que este apostolado no permaneció restringido a los moldes de su ciudad, Luca es una ciudad amurallada, de hecho ni al ámbito de su congregación sino que tuvo resonancia por toda la Iglesia, se la compara con Santa Margarita María Alacoque en su apostolado de propagar el culto al Sagrado Corazón de Jesús y afirma a semejanza de María Magdalena que fue el Apóstol de la Resurrección del Señor junto al príncipe de los apóstoles; así ella de su nativa Luca escribe fielmente a nuestro predecesor León XIII para exponerles sus planes, si hoy pues se celebra con mayor solemnidad la Novena de Pentecostés, si a tantas almas dóciles al llamado del Pontífice se abrieron nuevos horizontes de Santidad y de

Apostolado se debe pensar con gratitud de aquella de quién se sirvió la providencia para influir en el resto de nuestro predecesor, tal como un bramido de vida nueva impregna a toda la Iglesia. Si hoy pues tenemos una nueva atención a la persona del Espíritu se debe pensar con gratitud de aquella de quien se cedió la providencia para influir en el resto de nuestro predecesor". Dios habló experiencias místicas a muchas personas por esta época, por ejemplo Conchita Cabrera de México, Francisca Javier Del Valle en España; pero de esta mujer, Dios se sirvió para hablar con la hidalguía de la Iglesia y por ella nos ha sido dado la Primera Encíclica, por ella la consagración del Siglo XX donde emergieron los movimientos Pentecostales, incluso la Renovación Carismática Católica de la cual nosotros hacemos parte y lo importante, decía el Padre John Mario Montoya, para nosotros unas palabras que parecían que eran propias solamente de la Renovación empiezan ahora a ser parte también del lenguaje de la propia Iglesia, con todo el Magisterio de la Iglesia. Este mismo día de la Beatificación, hablando con el Pueblo de Luca que estaba presente allí, el Santo Padre dijo: "Fíjense Hermanos, por primera vez, amados hijos e hijas después de tantos años de la partida de la Madre Elena Guerra su mensaje permanece siempre actual, todos percibimos la necesidad de una continua efusión del Espíritu Santo, como de un nuevo Pentecostés que renueve la faz de la tierra", por primera vez hermanos, hablando de una manera católica, de una continua efusión del Espíritu Santo, la hermana nos preguntaba ¿Ustedes están contentos con lo que tienen del Espíritu Santo o les gustaría tener más? Cómo es posible tener más, sí el Papa está diciendo que necesitamos de una continua efusión del Espíritu Santo, y por primera vez el Papa analiza que es posible que nosotros tengamos un nuevo Pentecostés, esto fue el 26 de Abril del 59, tres semanas después 17 de Mayo del 59 el Papa por primera vez va a hablar con los Cardenales al respecto de dos deseos suyos, ustedes conocen la historia de Juan XXIII que lo han tenido como un Papa temporal y sorprendentemente dijo a los Cardenales, quiero hacer un Sínodo para la ciudad de Roma y quiero hacer un Concilio Ecuménico, a su edad casi octogenario "quiero hacer un Concilio y que este Concilio sea como que un nuevo Pentecostés", la historia normalmente no lo cuenta este dato que está en el Estado, en los anales de la 5 Beatificación, pero la primera vez que dijo esto fue a fines de Abril y no el 17 de Mayo como está en la historia, y así fue como después, en el 61, convoca oficialmente al Concilio a través de un decreto que se titula Humanae Salutis y allí una vez más el Papa se dirige en oración a Dios pidiendo "¡Oye Señor los ruegos que de todas las partes de la tierra suben al cielo y renuevan tu Iglesia, que este Concilio sea para ellos como un nuevo Pentecostés, derrama una vez más los dones que en otra hora otorgaste a tu Iglesia, aquellos dones que pensaban algunos que era solo para los primeros tiempos ahora Señor una vez más". Entre 1961 y 1962 empieza el Concilio, en la primera sesión algunas personas quieren que se quite de los documentos la palabra "Carisma", porque decían, basados en la Palabras de San Juan Crisóstomo, que Carisma ya no acontecía más, que era para los primeros tiempos y atención que Carisma no va bien con la institución, miren los Montanistas, y miren a los Mesalianistas y miren a los Donatistas y a los Priscilianistas no va bien juntos, no combina. A los carismáticos les gusta ir por cuenta propia, se sienten iluminados, no les gusta la jerarquía, el arzobispo de Palermo Ernesto Rufino propuso que se quitase esto a la asamblea, sin embargo el Cardenal Suenens de Bruselas – Malinas, que estaba presente dijo mejor que no nos decidamos por ello, vamos a pensar mejor sobre esto porque Carisma es una palabra bíblica, cómo que vamos a quitarla de los documentos y fue a su casa que estaba en Roma y habló con su Vicario General quien preparó un documento y entró con un recurso para que no se quitara Carisma, inclusive cambiando la concepción de Carisma que tenían, mirando los carismas como cosas solamente extraordinarias. El Cardenal va diciendo no, es una persona laica la que tiene una manera especial de catequizar, sí, esto es un carisma no esas cosas espectaculares, y así tenemos el carisma de gobierno, así el de caridad, así el de servicio y otros. Alabado sea el Señor por el Cardenal Rufini, porque si él no habla nada los carismas pasarían por el Concilio como si nada, también porque al haber levantado esa gestión el Concilio trató de esclarecer tanto, porque también no sabían los obispos muy bien de lo que trataban los carismas. El Cardenal Sullivan va a decir eso más tarde: "Mi intervención en aquel momento lo acredito a una palabra de sabiduría, de ciencia del Espíritu, porque yo mismo no sabía lo que eran los carismas, estaba escribiendo un libro y revisando, cuando empezó la Renovación, paré de escribir el libro, fui mirando de lo que se trataba y después escribí el libro como Nuevo Pentecostés, es por eso que en cinco documentos, especialmente hay 16 pasajes sobre los carismas, más en cinco de manera particular: Lumen Gentium, Presbyterorum Ordinis, Ad Gentes, Apostolicam Actuositatem y Lumen Pentium", y en todos estos textos está la fundamentación teológica magisterial que permitió el surgimiento de la Renovación Carismática Católica, gracias a estas Constituciones. ¡Alabado sea el Señor! Y el propio Concilio por primera vez trata del Espíritu Santo 258 veces, dato inédito, así como el documento de Aparecida, decía John Mario Montoya, que por primera vez habla de Pentecostés. Si miran los cuatro documentos podrán notar su crecimiento las palabras de Espíritu Santo, Pentecostés, mira cómo van creciendo y eso de Aparecida fue más que una incidencia. Juan XXIII muere en la fiesta de Pentecostés, en la Vigilia de Pentecostés de 1963; Pablo VI asume y conduce el Concilio hasta el final. En Agosto de 1966 un grupo de personas se reúnen en los Estados Unidos en busca de una experiencia con Dios y en 6 enero cuatro de estas personas son bautizadas en el Espíritu, en febrero de 1967 las personas se reúnen un fin de semana en la Universidad de Duquesne y allí, sin planeamiento, sin fundador, Dios empieza a hacer su obra en la

Renovación Carismática, en la Iglesia Católica. Nadie se sentó y dijo vamos a empezar un movimiento, nadie, nadie, y hoy por la última pesquisa del instituto Bajet Jhonson en el 2005 los católicos éramos ya más de 133 millones de bautizados en el Espíritu Santo ¡Aleluya! En el 2006 el Protestantismo o Pentecostalismo protestante, se reunió en los Ángeles para celebrar su centenario, yo fui invitado, porque pertenecía al Comité Ejecutivo de ICCRS, en aquel tiempo el Presidente era Allan Panosa, Yo, Allan Panosa, Orestes Pesare, estuvimos predicando en 2006, fuimos invitados por el Pontificio Concilio para los Laicos a representar a la Iglesia Católica que fue invitada al Centenario de los Pentecostales; como unas 10 personas laicas en medio de 30,000 pentecostales protestantes de todo el mundo, estos católicos fuimos muy bien tratados. Había un pastor muy famoso conocido por todos los pastores del mundo: Jacky Jeifor, tiene música, tiene programas en redes de televisión norteamericana, fundó iglesias pentecostales en nueve etnias en los Estados Unidos, hay muchos libros en Brasil de Jacky Jeifor, escritos en portugués, este pastor comandaba, dirigía las mañanas del Centenario de los Pentecostales. ¿Por qué el Centenario del Pentecostalismo? porque ellos consideran que en 1916, a partir de un pastor negro llamado William Seymour, empezó la explosión del Pentecostalismo por todo el mundo a partir de los Ángeles en una calle llamada Azusa street, y este pastor Jacky Jeifor comandaba las mañanas que era común para las 30,000 personas por las tardes tendríamos los talleres, unos 40 talleres, diferentes y por las noches visitábamos las iglesias que nos gustase, Iglesias Pentecostales, ya que las mayores del mundo estaban allí en los Ángeles; este pastor con su autoridad, con esta importancia hace un libro para conmemorar el Centenario, el Centenario del Pentecostalismo. CONSAGRACIÓN AL ESPÍRITU De modo increíble y con admirable coraje, este pastor con toda su autoridad en la primera página de su libro que tiene 313 páginas, empieza relatando la invocación del Veni Creator Spiritus, la Consagración del Siglo XX al Espíritu Santo del Papa León XIII, vean lo que dice este Pastor: "En una cultura dada al cinismo muchos pueden menospreciar el poder de aquella oración del 1° de Enero dedicando el siglo XX al Espíritu Santo, considerándola como un mero ejercicio religioso, pero mirando hacia atrás a partir nuestra presente perspectiva, los eventos de los últimos 100 años revelan que Dios estaba moviéndose en y entre su pueblo, moldeando su proyecto para el siglo carismático, de hecho el siglo carismático empezó con el himno de invocación al Espíritu Santo del Papa León XIII, el 1° de Enero de 1901, cuando nacía en el siglo XX en la Iglesia Católica" ¡Aleluya! Y continúa explicando que el Papa hizo esto por influencia de una joven religiosa llamada Elena Guerra, después cuenta la historia de Elena Guerra y luego cuenta la historia de Duquesne, hizo un libro de conmemoración a los 100 años y ¿por qué decía eso?; porque en la noche en que León XIII consagraba el Siglo XX al Espíritu Santo en el otro lado del mundo, en Topeca Kanzas, los Estados Unidos y en una iglesia de un pastor llamado Charles Parham una mujer, Ines Osman por primera vez ahí, por su iniciativa de 7 pedir al pastor que orase por esta bendición bíblica decía: Ella estaba estudiando en una escuela bíblica y decía, yo quiero esta bendición que aquí está y el Pastor decía pero estamos estudiando, no estamos seguros de esto, ella respondía no importa quiero que ore por mí, y así se ve a Inés Osman manifestar si hay carismáticos hablando, incluso en lenguas en el Espíritu, por primera vez que tenemos esto en la historia por eso el Pastor Jacky Jeifor dice: "Allí estaba empezando el Siglo Carismático", después Charles Parham tiene una pelea con William Seymour, por eso mucho lo despreciaron y consideran 1916, pero están retomando la historia. Pero ¿qué importancia tiene esta mujer? es la precursora de toda la Pentecostalidad del último siglo. Nosotros estábamos un tanto cerrados en relación al Pentecostalismo por las consecuencias de la historia, por Montanismo, por la teología de Agustín, con la

Cristología que acentúo apenas la persona de Jesucristo, esencialmente era Jesucristo que estaba siendo atacado por las herejías, con la separación de la Iglesia del Oriente que era más Icónica en relación al Espíritu, más neumática y nosotros nos quedamos con Occidente, nos fuimos romanizando, nos Institucionalizamos, pragmatizamos, confiando más en nuestras fuerzas, este es el problema. Finalmente ¿qué es la cultura del Pentecostés?, hay muchas aproximaciones posibles, algunas culturales, otras sociológicas; quiero mencionar una cosa bien sencilla, que el Papa Juan Pablo II dijo: "Para mí y para todos ustedes, el mundo tiene necesidad de Santos y nosotros somos tan o más santos, cuanto más nos dejamos ser por el Espíritu Santo conducidos y conformados a Jesucristo", marzo de 2002; en nuestro tiempo ha habido esperanza, hagan que el Espíritu Santo sea conocido y amado y así ayudarán a que tome forma aquella cultura de Pentecostés, la única que puede fecundar la civilización del amor y de la convivencia de los pueblos con la insistencia fervorosa se cansen de invocar ¡Ven Espíritu Santo Ven! ¿Cómo se logrará alcanzar la cultura de Pentecostés? Ayuden, hagan que el Espíritu Santo sea conocido y amado. La cultura de Pentecostés es una cultura que cuenta las cosas de lo alto, de lo trascendental, si estamos en Cristo somos nuevas criaturas y debemos mirar las cosas del cielo, la meta final es hacernos santos y decía para nosotros Juan Pablo II: "Miren hermanos, escuchen la Iglesia y el mundo tiene necesidad de Santos y nosotros somos tanto o más santos, cuanto más dejamos que el Espíritu Santo nos configure con Cristo", este es el secreto de la experiencia regeneradora de la efusión del Espíritu, experiencia típica que distingue el camino de crecimiento propuesto a los miembros de nuestros grupos de oración y comunidades. El Papa está diciendo que nosotros tenemos el secreto para alcanzar la Santidad, cómo: es el secreto de la experiencia regeneradora de la efusión del Espíritu que distingue el camino de crecimiento que proponemos a los grupos y comunidades. Este es el secreto de la cultura de Pentecostés, lo que compete a nosotros hermanos, hermanas es averiguar si lo que hacemos, si lo que estamos haciendo está contribuyendo para que las personas tengan o hagan su experiencia con el Espíritu Santo y que las lleve a Jesús. Cuando hablamos de experiencia no estamos hablando de una experiencia emocional, emotiva solamente, esto también podría ocurrir, no estamos hablando de una experiencia religiosa, mas bien estamos hablando de una experiencia de Dios y del Dios cristiano, 8 estamos hablando de una experiencia de sentido que cambia nuestra vida, tenemos que referir si el bautismo que estamos ofreciendo a las personas las está llevando a un cambio de vida que se nota, se nota que les está llevando a la Santidad. Concluyo con un Pasaje de San Agustín sólo para que sepamos que estamos hablando de una experiencia católica. La expresión bautismo en el Espíritu Santo, como decía nuestro Padre Juan Manuel, no está en la Sagrada Escritura y no está de este modo superlativo, está en tiempos verbales por siete veces: "seréis bautizados", "yo los bautizaré", pero el bautismo fue empleado por los protestantes, pero Santo Tomás de Aquino ya decía "A cada nueva misión, a cada nueva vocación necesita corresponder una nueva efusión del Espíritu Santo" y Dios tiene una nueva misión y vocación para cada uno de ustedes, mira lo que decía Agustín: "Sin el Espíritu Santo no podemos amar a Cristo ni observar los mandamientos, tanto menos podemos hacerlo, tanto menos Espíritu Santo tenemos", está hablando de cantidad y tanto más podemos hacerlo, tanto más abundancia tenemos de Él. No es pues sin razón que el Espíritu Santo es prometido no sólo para quienes no lo tienen, sino también para quienes ya lo poseen, a quienes no lo tienen para que lo tengan y a quienes ya lo poseen para que lo posean en medida más abundante.

REFERENCIA

https://www.rccperu.org/pdf/LA_CULTURA_DE_PENTECOSTES.pdf

REVISIÒN DE APORTES II

SOBRE LA FE, ESPERANZA Y CARIDAD EN LA WEB

Podemos decir que estas tres llaves conducen el hacer, he aquí la revelación del misterio. Antes todo lo anterior es preparatorio, mera anticipación, pero cuando nos damos cuenta de la presencia de estas tres en nuestra vida ya estamos en el acto mismo, hemos aprendido lo suficiente para ser nosotros mismos y curiosamente parecemos no pensar, ni sentir; pero todo lo contrario, es cuan do estamos más unidos al cuerpo místico.

WIKIPEDIA: LA ENCICLOPEDIA LIBRE

FE

La **fe** (del latín *fides*) es la seguridad o confianza en una persona, cosa, deidad, opinión, doctrinas o enseñanzas de una religión,[1] y, como tal, se manifiesta por encima de la necesidad de poseer evidencias que demuestren la verdad.[2] También puede definirse como la creencia que no está sustentada en pruebas,[34] además de la seguridad, producto en algún grado de una promesa.[56]

Religiones

La «fe religiosa» tiene una serie de puntos comunes en casi todas las religiones existentes, y también desencuentros. La *fe* la define el diccionario de la RAE como: Conjunto de creencias de una religión, conjunto de creencias de alguien, de un grupo o de una multitud de personas, creencia que se da a algo por la autoridad de quien lo dice o por la fama pública.[7]

Bahaísmo

Para el bahaísmo, la fe es la máxima aceptación de la autoridad divina de las Manifestaciones de Dios.[8] La fe y el conocimiento son igualmente necesarios para el crecimiento espiritual.[8] Esta no solo supone la obediencia externa a esta autoridad, sino que también una comprensión profunda y personal de las enseñanzas religiosas.

La fe significa, primero, conocimiento consciente, y segundo, la práctica de buenas acciones.[9]

Budismo

La fe (pali: *Saddhā*, sánscrito: *Śraddhā*) es un componente importante de las enseñanzas de Gautama Buda, tanto en las tradiciones del Theravāda y el Mahāyāna. Sus palabras se registraron originalmente en el lenguaje pali y la palabra *saddhā* se traduce generalmente como *fe*. En sus enseñanzas, el *saddhā* a veces se describe como:

- Una convicción de que algo es.
- Una determinación de lograr las metas personales.
- Una sensación de dicha, producto de los dos anteriores.

Mientras que la fe en el budismo no implica "fe ciega", la práctica budista no obstante requiere cierto grado de confianza, principalmente en la conquista espiritual de Gautama Buda. La fe en el budismo se centra en el entendimiento de que Buda es un ser Despierto, en su papel superior como maestro, en la verdad de su Dharma (enseñanzas espirituales) y en su Sangha (comunidad de seguidores con desarrollo del espíritu). La fe en el budismo puede resumirse como aquella en las Tres Joyas: el Buda, el Dharma y el Sangha. Esta tiene el propósito de conducir a la iluminación, o bodhi, y el Nirvana. Volitivamente implica una decisión resoluta y valiente. Combina el propósito firme y la autoconfianza de que se podrá lograr lo que se desea.[10]

Al contrario de cualquier forma de "fe ciega", las enseñanzas de Buda incluyen aquellas incluidas en el Kalama Sutra y exhortan a sus discípulos a investigar cualquier enseñanza y vivir de acuerdo a lo aprendido y aceptado, en lugar de creer en algo simplemente debido a que así fue enseñado.[11]

Cristianismo

El Triunfo de la Fe sobre la Idolatría. Jean-Baptiste Théodon (1646–1713)

La fe en el cristianismo es una virtud teologal y se basa en la obra y enseñanzas de Jesús de Nazaret.[12] El cristianismo declara no caracterizarse por la fe, sino por el objetivo de la fe. En lugar de ser pasiva, la fe conduce una vida activa alineada con los ideales y ejemplo de vida de Jesús.

Es, pues, la fe la certeza de lo que se espera, la convicción de lo que no se ve.

Hebreos 11:1

La actitud de la voluntad en la fe la describe San Agustín de la siguiente forma: «credere non potest nisi volens» —no se puede creer si no se quiere—,[13] y Santo Tomás hace énfasis en la unión entre voluntad y pensamiento al decir que *«la fe es retener por seguramente verdaderas ciertas afirmaciones intelectuales, bajo el influjo y la adhesión de la voluntad».*[14]

Antiguo Testamento

Los términos usados más frecuentemente en el Antiguo Testamento para representar la actitud de fe son *batāh* — esperar confiadamente en ...— y *amān* — mantenerse fiel a...—. Las raíces anteriores se corresponden en el Nuevo Testamento por *élpis, elpizo* y *pístis, pistéou* respectivamente. Ambas palabras ponen de manifiesto las dos características del verdadero creyente: «confianza en la persona que revela» y «adhesión del intelecto a sus signos y palabras».

Desde la fe de Adán y Eva a la que hace referencia el Génesis donde, a pesar del pecado cometido por ellos, Dios les prometió un Salvador hasta la fe de Abraham que llegó a su punto álgido cuando aceptó sacrificar a su hijo Isaac por obedecer a Dios, se han sucedido gran cantidad de acontecimientos de fe en Él. Los libros posteriores, el Éxodo, Levítico y Deuteronomio, siguen narrando acontecimientos en los que la fe estaba presente, y en otras ausente pero con retorno posterior a su fe en Dios, y esta se concretó en los Diez Mandamientos dados a Moisés en el monte Sinaí. El carácter obligatorio y las disposiciones internas de los hombres a cumplir los Mandamientos es de gran tradición deuteronómica; en el plano personal, la fe exige la entrega de todo el corazón.[15]

Las situaciones y experiencias del «pueblo elegido» en la «tierra prometida» variaron según su fidelidad a la Alianza con Yahveh desde Josué, Samuel, David y Salomón. Después de este, hubo reyes que obraron bien y otros que no. La fe de los reyes se apoyaba, sobre todo, en la confianza. Esta confianza la tuvo el rey Ezequías al verse rodeado por un ejército sirio mucho más potente y, posteriormente, en la lucha de los Macabeos contra los gentiles.,[16][17]

Los «*Profetas*» del Antiguo Testamento tenían una gran fuerza que les venía de la fe y de su interpretación de situaciones históricas o personales como precedentes de Dios ya que su mensaje se dirigía a las naciones, a los judíos, y generalmente comunicaban conocimientos o señales. En algunos casos, estos conocimientos llegaban a un grado de intimidad importante como ocurría con el Jeremías que dijo: *«Les daré un corazón para conocerme»*. Es un conocimiento que se dirigía a las obras y a la vida.[18]

Otros profetas continuaron tratando temas de conocimiento interior y exterior a raíz de la fe.En el Libro de Daniel se habla de un Dios que conoce y revela secretos. La fe en Dios les daba el poder de interpretar lo misterioso y lo difícil. La actividad de los profetas se caracterizaba por el afán de desarrollar y confirmar la fe del pueblo, tan azotado por las condiciones de su época, que debía permanecer fiel al principio fundamental de su vida: «*Yahwéh es Dios, el único Dios*». El Libro de los Salmos presenta también esta firme verdad, sobre todo en momentos en los que el hombre, el pueblo, sufría y llamaba a Dios para que lo salvase.[19]

En los «libros sapienciales» la fe se presenta como indispensable y necesaria: la verdadera sabiduría incluye la fe. Las facultades superiores, las intelectuales, del hombre están dirigidas a la búsqueda de Dios. Igualmente, «toda sabiduría proviene de

Dios» que, además, puede comunicarla a los hombres. Por eso, si bien es un ejercicio de una facultad superior del hombre, es una dependencia, e incluso pobreza, en cualquier sabiduría humana.[20]

Ya en el Antiguo Testamento hay muestras de la negación de la fe que, generalmente, brotan del deseo de autosuficiencia del hombre. Un ejemplo es la fabricación de un *becerro de oro* por los hebreos, —Ex, 32— un dios creado por los propios hombres porque Moisés tardaba en bajar del monte Sinai. Otras veces la incredulidad, individual y colectiva, que se produjo durante siglos, venía de una visión cómoda y terrena de las cosas, incluso llegó a ser indiferencia en muchas ocasiones. La falta de fe llegará hasta los coetáneos de Cristo, una incredulidad de obstinación de los judíos y, especialmente, de los fariseos, los jefes espirituales de los propios judíos que incluso lo detuvieron y lo crucificaron.[21]

La Revelación en el Nuevo Testamento

Alegoría de la fe (*c.* 1670), de Johannes Vermeer, Metropolitan Museum of Art, Nueva York

En los Evangelios la fe está totalmente ligada a la revelación del Reino de Dios cuya base y fundamento es el mismo Jesucristo que revela la doctrina, no como los antiguos profetas, sino como quien tiene autoridad, autoridad que, a la vez, estaba confirmada por los milagros. — Mt 7,7; Mc 1,22; Lc 4,32 — y para tenerla, Jesucristo dejó claro que la fe es un don de Dios, una virtud sobrenatural infundida por Él.[22]

Las dos vertientes de la gracia de la fe y de la correspondencia humana a ella se reflejan en la confesión de san Pedro —Mt 16, 16-18—, en la del centurión, que Jesús consideró como maravillosa —Mt 8,10; Lc 7,1-10— ya que el propio centurión sabía lo que era la autoridad y al oír la palabra de Jesucristo vio que *hablaba con autoridad* —Lc 7,7—. El verdadero modelo de fe se refleja en la Virgen María de la que su prima Santa Isabel le dijo *«Dichosa la que ha creído que se cumplirían las cosas que le fueron dichas de parte del Señor»*. En un plano inferior al de la fe de la Virgen María está la fe del ciego Bartimeo, de Jairo, de la hemorroisa, del leproso, del paralítico, la cananea y otros muchos más curados o devueltos a la vida por Jesucristo.,[23][24]

La fe es un acto humano

La fe es una gracia, un don de Dios; para dar respuesta a la fe es necesaria la gracia de Dios que ayuda y se adelanta a las personas y mueve sus corazones para dirigirlos a El. Sin embargo, creer es un acto auténticamente humano, que no es contrario a la inteligencia ni a la libertad del hombre.

Virgen del Chaquishcahuayco.

En la vida corriente, en las relaciones humanas creer lo que dicen otras personas no es contrario a la dignidad propia. Por esa razón es menos contraria a la dignidad de la persona creer y poner la inteligencia y la voluntad bajo lo que Dios revela.[25]

Fe e inteligencia

El hecho de que las verdades reveladas parezcan inteligibles o verdaderas a la razón natural no es el *motivo* por el cual se cree. Según los teólogos católicos, se cree por la autoridad de Dios mismo ya que revela y *no puede engañarse ni engañarnos.*[26]

Por lo mismo, para los cristianos la fe es cierta, más que cualquier conocimiento humano, pues se basa en la palabra de Dios, que no puede mentir ya que Él es la Verdad. *La certeza que da la luz divina es mayor que la que da la luz de la razón natural.*[27]

La fe trata de comprender porque en inherente a ella misma que los creyentes, cada creyente, desee conocer cada vez mejor a aquel en quien ha depositado su confianza y su fe. La *fe abre los ojos del corazón* dice San Pablo en su carta a los Efesios y San Agustín —serm. 43, 7, 9— dice que *creo para comprender y comprendo para creer mejor.*,[28][29]

Para los creyentes no hay confrontación excluyente entre *fe y ciencia* ya que, aunque la fe esté en plano superior al de la razón, el Dios mismo que ha hecho tener al espíritu humano la luz de la razón, es el mismo que ha revelado los misterios. Por eso, la investigación metódica, cuando se actúa de una forma realmente científica y siguiendo una normativa moral, no estará nunca en oposición con la fe ya que las realidades de fe y las profanas tienen su mismo origen: Dios.[30]

Libertad de la fe

Ninguna persona está obligada a abrazar la fe cristiana en contra de su voluntad. La persona, si se decide a creer debe responder a Dios voluntariamente. El *acto de fe* es voluntario por propia naturaleza.[31] Cuando una persona se siente llamada por Dios a servirle, queda vinculada por su conciencia, pero no coaccionada. El propio Jesucristo invitó a sus coetáneos a la fe y a la conversión pero no forzó a nadie a seguirle.[32]

Necesidad de la fe

Según la Iglesia católica, para obtener la salvación es necesario creer en Cristo y en Quien le envió ya que sin la fe no se puede agradar a Dios. De la misma forma que la fe es un don gratuito que hace Dios a cada persona, al ser voluntario el acto de fe, también puede perderse voluntariamente —1 Tm 1, 18-19—. Si se tiene fe, para perseverar en ella, según la Iglesia católica y cristianos en general, debe alimentarse con la palabra de Dios y sostenida por la esperanza.[33]

Islam

En el islam, fe (*iman*) es una completa obediencia a la voluntad de Dios, que incluye creencia, profesión y acciones, consecuente al encargo de su representación en la Tierra, según la voluntad de Dios. La fe tiene dos aspectos: reconocer y afirmar que hay un Creador del universo y solo se debe adorar al Creador.

Judaísmo

Artículo principal: Trece principios de fe

La fe en sí misma no es un concepto del judaísmo. La única vez que se menciona "fe en Dios" dentro de los 24 libros del Tanaj, es en el verso 10 del capítulo 43 del Libro de Isaías. En este verso, el mandato de conocer a Dios es seguido por los mandamientos de creer y entender.[34]

No obstante, el judaísmo reconoce el valor *emuná*[35] (generalmente traducido como fe, confianza en Dios) y su estado negativo de *Apikorus* (herético), pero la fe no es tan destacado o central como en otras religiones, especialmente comparado con el cristianismo o islam. Podría ser un medio necesario para ser un judío religiosamente activo, pero el énfasis está puesto en el verdadero conocimiento, auténtica profecía y el actuar más que la fe en sí. Rara vez se relaciona con una enseñanza que deba ser creída.[34][36] El judaísmo no exige al fiel explícitamente identificar a Dios (un dogma central de la fe cristiana, que es llamada Avodah Zarah en el judaísmo, un forma menor de idolatría pero un gran pecado y prohibición estricta para los judíos). En cambio se pide honrar a la idea (personal) de Dios apoyada por los muchos principios citados del Talmud para definir al judaísmo, principalmente por lo que no es. Por tanto no existe una formulación establecida de los principios de la fe judía que sean imperativos para todos los judíos.

Sijismo

La fe tampoco es un concepto en el sijismo. Sin embargo, los cinco símbolos sijíes, conocidos como las cinco K, también se les conoce como "los cinco artículos de la fe". Estos son *kesh* (pelo sin cortar), *khanga* (pequeño peine de madera), *kara* (brazalete metálico), *kirpán* (espada/daga) y *khanga* (ropa interior especial). Los sijíes deben llevar estos cinco artículos de la fe todo el tiempo para protegerse de las malas compañías y mantenerse cerca de Dios.[37]

En la masonería

En la francmasonería, se habla de tres virtudes, mencionadas en la marcha del aprendiz: "Tengo fe en mis ideales, esperanza en realizarlos, por amor a la humanidad."[*cita requerida*]

Críticas

De acuerdo con Bertrand Russell, «No hablamos de la fe de que dos y dos son cuatro o de que la tierra es redonda. Solo hablamos de la fe cuando queremos sustituir la evidencia por la emoción». Bertrand Russell consideraba que *toda* fe es dañina. En su obra *Human Society in Ethics and Politics*, en su capítulo *Will Religious Faith Cure Our Troubles?* (*¿Puede la fe religiosa remediar nuestros problemas?*) argumentó que este proceso es una fuente de violencia, ya que pueblos distintos sustituyen la evidencia por emociones distintas. Russell denunció que, debido a que ninguna de ellas puede defenderse racionalmente, el proselitismo de niños pequeños y, si es necesario, la guerra son consecuencias inevitables de albergar fuertemente cualquier fe.[38]

Richard Dawkins describe a la fe como una creencia sin evidencia; un proceso activo de no pensar. Afirmó que es una práctica que solo degrada nuestro entendimiento del mundo natural al permitirle a cualquiera realizar una declaración sobre la naturaleza que está basada únicamente en sus pensamientos personales y sus percepciones posiblemente distorsionadas, que no requiere examinarla con la realidad, no tiene habilidad para realizar predicciones confiables y coherentes y no está sujeta a revisión por pares.[39]Tal visión ha de ser matizada, ya que, si bien la ciencia rigurosa ha de ser contrastable y cuantificable, ello no significa que fuera del conocimiento experimental no puedan encontrarse verdades respetables. Lo contrario sería, no ya ciencia, sino cientifismo.[40]

El Dr. Peter Boghossian, profesor de filosofía de la Universidad de Portland,[41] autor[42] y miembro honorario[43] de la Global Secular Council,[44] critica que las actuales definiciones de *fe* no reflejan fielmente su significado. Argumenta que cuando las personas usan la palabra *fe*, como en "Yo tengo fe en X", realmente no tienen *confianza* en X o *esperanza* de que X sea verdadero, sino que declaran que *saben* que X es verdadero. Además sostiene que la fe solo se alberga en la ausencia de buena evidencia que apoye a la creencia. En esa situación, Boghossian razona que la fe es una afirmación de conocimiento sin evidencia que la justifique. Por lo tanto propone la siguiente definición como la mejor descripción de *fe* en su uso real: "Fingir saber algo que no sabes".[45]

Véase también

- Dogma
- Fideismo
- Fe y racionalidad
- Cosmovisión
- Increencia
- Incredulidad

REFERENCIA

https://es.wikipedia.org/wiki/Fe

ESPERANZA

La **esperanza** es un estado de fe y ánimo optimista basado en la expectativa de resultados favorables relacionados con eventos o circunstancias de la propia vida o el mundo en su conjunto.[1] Otras definiciones de tener esperanza incluyen los siguientes términos: «esperar confiado» y «abrigar un deseo con anticipación».[2] La Real Academia Española define la esperanza como «Estado de ánimo que surge cuando se presenta como alcanzable lo que se desea» y la esperanza cristiana como «En la doctrina cristiana, virtud teologal por la que se espera que Dios dé los bienes que ha prometido».[3] Existen también enfoques en el área educativa que incorporan el concepto de pedagogía de la esperanza, Paulo Freire se refiere a esta como una necesidad ontológica, lo que nos mueve, lo que nos marca una dirección. Tell 'em Naegi [4]

Religiones antiguas

La esperanza aparece en la mitología griega en la historia de la Caja de Pandora. Prometeo robó el fuego de Zeus para dárselo a los hombres, lo que enfureció al dios supremo. En venganza, Zeus creó un *pythos* (tipo de jarrón) que contenía todos los males y se la dio junto a Pandora al hermano de Prometeo. Esta, creada por los dioses con una curiosidad innata, abrió la caja prohibida y todos los males fueron liberados al mundo; solo Elpis permaneció en el fondo, el espíritu de la Esperanza.[5]

La mitología nórdica consideraba la Esperanza Fenrir:[6] su concepto del coraje valoraba más una valentía animada en la *ausencia* de esperanza.[7]

Cristianismo

Artículo principal: Esperanza (virtud)

Esperanza es el nombre de una de las tres virtudes teologales, juntamente con la fe y la caridad.

En la teología cristiana estas virtudes forman una unidad indisoluble con las virtudes cardinales o naturales: Prudencia, Justicia, Templanza y Fortaleza y todas ellas en su conjunto describen la imagen cristiana del hombre.

La esperanza es la virtud por la cual el hombre pasa de suceder o acontecer a ser o existir. Siguiendo a Santo Tomás de Aquino, ha estado definida como «virtud infusa que capacita al hombre para tener confianza y plena certeza de conseguir la vida eterna y los medios, tanto sobrenaturales como naturales, necesarios para llegar a ella con ayuda de Dios».

A la esperanza se oponen, por defecto, la desesperación que es «*pérdida total de la esperanza*», por exceso, la presunción y por otro lado, el temor.

Iconología

La esperanza fue una divinidad honrada por los romanos que le elevaron muchos templos. Era, según los poetas, hermana del Sueño que da tregua a nuestras penas y de la Muerte que las termina. Píndaro la llama la nodriza de los viejos. Se la representa bajo la figura de una joven ninfa, con rostro sereno, sonriéndose con gracia, coronada de flores, mensajeras de los frutos y teniendo en su mano un ramo de las mismas. El verde es su color característico como emblema de la naciente verdura que presagia la cosecha de los granos.

Los antiguos la pintaban con alas porque es propio de la esperanza escaparse cuando que uno piensa asirla. Los modernos le han dado un ancla por atributo pero ningún monumento antiguo la ofrece con este símbolo. Se podría añadir a esto el arcoíris. Es muy ingeniosa alegoría la que la representa alimentando al Amor.

Una antigua medalla la representa coronada, teniendo en la mano izquierda pavos y espigas como Ceres; se apoya con la derecha sobre una columna y tiene delante una colmena en cuya parte superior se elevan algunas espigas y flores.

Esperanza engañada

Va vestida de verde y siembra grano que un ligero viento se lleva. Trae el cuello desnudo y aprieta uno de sus pechos como para dar de mamar. Sus dos grandes alas indican su inestabilidad.

Esperanza cristiana

Artículo principal: Esperanza (virtud)

Gravelot la ha representado por una figura sentada sobre la proa de una nave apoyada sobre un ancla y en actitud de un ardiente deseo. Parece tener fijada la atención en el arcoíris, pronóstico de un tiempo más sereno y las flores que hay cerca de ella anuncian y prometen la estación de los frutos.[8]

REFERENCIA

https://es.wikipedia.org/wiki/Esperanza

CARIDAD (VIRTUD)

La **caridad** (en griego: *αγάπη agapë* 'amor fraternal') (en latín: *caritas*) (o **amor**, en español moderno) es, para la Iglesia católica, aquella virtud teologal por la cual se ama a Dios sobre todas las cosas por Él mismo y al prójimo como a nosotros mismos por amor de Dios.[12] La caridad tiene por frutos el gozo, la paz y la misericordia. Exige la práctica del bien y la corrección fraterna; es benevolencia; suscita la reciprocidad; es siempre desinteresada y generosa; es amistad y comunión.[32]

En las Escrituras

La caridad nace del amor de Dios a los humanos, y de la respuesta del hombre a ese amor.[4] De hecho, constituye el mandamiento principal de Jesús a los apóstoles y discípulos: «Amaos los unos a los otros».[5]

Reina Valera

1 Seguid la caridad;
y procurad los dones espirituales,
mas sobre todo que profeticéis.

Textus Receptus

1 διωκετε την αγαπην
ζηλουτε δε τα πνευματικα
μαλλον δε ινα προφητευητε

Vulgata latina

sectamini caritatem
aemulamini spiritalia
magis autem ut prophetetis

1 Corintios 14:1

La virtud de la caridad toma en cuenta los mandamientos de la ley de Dios, que expresan el núcleo de la moral cristiana.[678] Sin embargo, Dios mismo se coloca como único y perfecto ejemplo de amor, que salva a los que todavía no creen en él, muriendo por quienes son todavía sus enemigos.[910] San Pablo, cuando habla del amor de Dios, describe cómo es la caridad:[11]

Reina Valera

4 La caridad es sufrida, es benigna;
la caridad no tiene envidia, la caridad no hace sinrazón, no se ensancha;

5 No es injuriosa, no busca lo suyo, no se irrita, no piensa el mal;

6 No se huelga de la injusticia, mas se huelga de la verdad;

7 Todo lo sufre, todo lo cree, todo lo espera, todo lo soporta.

8 La caridad nunca deja de ser: mas las profecías se han de acabar, y cesarán las lenguas, y la ciencia ha de ser quitada;

Textus Receptus

4 η αγαπη μακροθυμει χρηστευεται η αγαπη ου ζηλοι η αγαπη ου περπερευεται ου φυσιουται

5 ουκ ασχημονει ου ζητει τα εαυτης ου παροξυνεται ου λογιζεται το κακον

6 ου χαιρει επι τη αδικια συγχαιρει δε τη αληθεια

7 παντα στεγει παντα πιστευει παντα ελπιζει παντα υπομενει

8 η αγαπη ουδεποτε εκπιπτει ειτε δε προφητειαι καταργηθησονται ειτε γλωσσαι παυσονται ειτε γνωσις καταργηθησεται

Vulgata latina

1 Corintios 13:4-8

La caridad es considerada la virtud teologal[12] más importante, y superior a cualquier otra virtud.[13]

Catolicismo

Para san Basilio, la condición de hijos del Padre se adquiría cuando entendida como la búsqueda del bien:

O nos apartamos del mal por temor del castigo y estamos en la disposición del esclavo, o buscamos el incentivo de la recompensa y nos parecemos a mercenarios, o finalmente

obedecemos por el bien mismo del amor del que manda... y entonces estamos en la disposición de hijos.

S. Basilio, *reg. fus. prol.* 3

En teología moral, se considera a la caridad para con el prójimo una virtud cristiana opuesta a una serie de pecados: al odio, como deseo del mal del prójimo; a la envidia, como especie de tristeza ante el bien ajeno al que se considera como mal para uno; a la discordia, como disensión de las voluntades ajenas; a la contienda, como altercado o discusión violenta; a la guerra, como lucha de una multitud contra otra entablada con intervención de la autoridad pública; y al escándalo, como aquellos dichos o hechos que proporcionan al otro ocasión de cometer el mal, entre otros.[14] El *Diccionario de la lengua española* de la Real Academia Española la define además, en su acepción tercera, como «limosna que se da o auxilio que se presta a los necesitados».[1] La Iglesia católica considera la limosna hecha a los pobres como uno de los principales testimonios de la caridad fraterna, pero también una práctica de justicia (*Catecismo de la Iglesia católica*, 2447).[15] La caridad tiene por frutos el gozo, la paz y la misericordia:

La culminación de todas nuestras obras es el amor. Ese es el fin; para conseguirlo, corremos; hacia él corremos; una vez llegados, en él reposamos.

San Agustín, *In epistulam Ioannis tractatus*, 10, 4

La encíclica Deus caritas est, del papa Benedicto XVI, profundiza más en la virtud de la caridad cristiana.[16]

(...) *« agapé »*, el cual, como hemos visto, se convirtió en la expresión característica para la concepción bíblica del amor. En oposición al amor indeterminado y aún en búsqueda, este vocablo expresa la experiencia del amor que ahora ha llegado a ser verdaderamente descubrimiento del otro, superando el carácter egoísta que predominaba claramente en la fase anterior. Ahora el amor es ocuparse del otro y preocuparse por el otro. Ya no se busca a sí mismo, sumirse en la embriaguez de la felicidad, sino que ansía más bien el bien del amado: se convierte en renuncia, está dispuesto al sacrificio, más aún, lo busca.

Benedicto XVI

En la masonería

En la francmasonería, se habla de tres virtudes, mencionadas en la marcha del aprendiz: "Tengo fe en mis ideales, esperanza en realizarlos, por amor a la humanidad."

Véase también

- Filantropía
- Fe, Esperanza, Caridad y su madre Sofía
- Deus Caritas Est (Dios es Amor), encíclica de Benedicto XVI

REFERENCIA

https://es.wikipedia.org/wiki/Caridad_(virtud)

FE, ESPERANZA, CARIDAD Y SU MADRE SOFIA

Santas **Fe** (en griego: Πίστις [*Pistis*]; latín, *Fides*; 12 años de edad), **Esperanza** (Ἐλπίς [*Elpis*], *Spes*, 10 años), **Caridad** (Ἀγάπη [*Agape*], *Caritas*, 9 años) y su madre **Sofía** (Σοφία) eran cristianas que vivieron en Roma en el siglo II y fueron martirizadas por orden del emperador Adriano. Las chicas murieron por torturas y su madre poco después, al sepultarlas.[1]

Sus nombres coinciden con las tres virtudes teologales o sobrenaturales: la fe, la esperanza y la caridad. El nombre Sofía se traduce del griego como «sabiduría», y en su honor entre 532 y 537 se construyó en Constantinopla la catedral de Hagia Sophia (en griego Άγια Σοφία - Divina Sabiduría), el templo cristiano más grande hasta 1590, año en que se terminó la cúpula de la Basílica de San Pedro en Roma. La capital de Bulgaria, Sofía, también lleva su nombre, y el día de la ciudad se celebra el día de veneración de santa Sofía.

Véase también[editar]

- Fe (virtud)
- Esperanza (virtud)
- Caridad (virtud)
- Sofía (nombre)

REFERENCIA

https://es.wikipedia.org/wiki/Fe,_esperanza_y_caridad

FE, ESPERANZA Y CARIDAD EN LOS TIEMPOS DEL CORONAVIRUS

De acuerdo con el Catecismo de la Iglesia Católica, la virtud es una disposición habitual y firme a hacer el bien. Permite a la persona no sólo realizar actos buenos, sino dar lo mejor de sí misma. Con todas sus fuerzas sensibles y espirituales, la persona virtuosa tiende hacia el bien, lo busca y lo elige a través de acciones concretas. En la teología católica, se llaman virtudes teologales a los hábitos que Dios infunde en la inteligencia y en la voluntad del hombre para ordenar sus acciones a Dios mismo, y son fe, esperanza y caridad. De acuerdo con el Catecismo, la fe es la virtud teologal por la que creemos en Dios y en todo lo que Él nos ha dicho y revelado. La esperanza es la virtud teologal por la que aspiramos al Reino de los cielos y a la vida eterna como felicidad. La caridad es la virtud teologal por la cual amamos a Dios sobre todas las cosas por Él mismo y a nuestro prójimo como a nosotros mismos por amor de Dios.

En la vida diaria empleamos los conceptos con otras acepciones más materiales. Decimos que tenemos fe en algo, una idea, o alguien, la fe en nuestra vida diaria indica confianza en algo. Hablamos de esperanza con, a veces, connotaciones de deseos a los que aspiramos o incluso utopías, cuestiones en definitiva que deseamos. La palabra caridad implica amor, el amor imprescindible de todos con todos y entre todos. Una virtud esencial que Jesús nos dejó como un tesoro para nuestra vida diaria.

Recuerdo hoy la fascinante novela *El amor en los tiempos del cólera*, de Gabriel García Márquez, de lectura imprescindible. El título inicial de esta contribución al blog era *El amor en tiempos del coronavirus*. Pero lo hemos cambiado para reforzar el momento que vivimos con nuestras virtudes esenciales, en ellas el amor es esencial. Sin amor no hay vida, ni esperanza.

En la novela de García Márquez el amor transita a lo largo del espacio de la novela y del tiempo en que esta transcurre. Un amor que se desplaza en espacio (las páginas de la propia novela) y tiempo (el ámbito temporal del relato) de muchas maneras, hay en la novela muchas expresiones de amor. Florentino reitera una promesa de amor a Fermina cincuenta y un años, nueves meses y cuatro días después. Un amor que vence al tiempo, un amor que venció al cólera.

¿Qué ocurre en España en los tiempos del coronavirus? Las virtudes teologales nos dan fuerza en tiempos oscuros y para ello la oración es esencial. En nuestro anterior post recomendábamos rezar, a modo de tratamiento medicinal espiritual y material, un Padrenuestro y un Avemaría tres veces al día. Somos los católicos una población de 1.400.000.000 millones, si todos rezamos, desde la fe, la esperanza y la caridad, la fuerza que podemos generar es muy grande. Si llevamos nuestras virtudes a la calle, a la casa, a la vida diaria en este tiempo del coronavirus si las proyectamos en la oración y la acción el efecto será enorme. España tiene casi 47 millones de personas, según el Centro de Informaciones Sociológicas el 69% de la población se considera católica, es decir, un total de más de 32 millones de fieles, eso significa mucha oración. Pero independientemente de las convicciones de cada uno y de cómo consideramos que debemos ayudar, y de la importancia que demos a la oración, lo que hemos visto es grandioso. No olvidemos a las personas de vida consagrada en la comunidad católica, una oración continua para todos. España es un territorio de héroes en estos tiempos.

¿Cómo se ha manifestado el amor en España? ¿Qué ha ocurrido con el amor en los tiempos de coronavirus? La persona virtuosa tiende hacia el bien, lo busca y lo elige a través de acciones concretas. Creo que todos hemos podido percibir, mejor aún sentir, un amor generalizado, una empatía extendida, un amor al prójimo palpable. Ejemplos muchos. La balconada de las ocho de cada día, un momento de amor hecho aplauso, fuertes aplausos de agradecimiento. Los vecinos comunicándose entre balcones y terrazas, ayudándose y dándose ánimos con música, canciones, chistes y todo un abanico de cosas que creo solo pueden hacer los españoles y las españolas. España unida, desde sus singularidades y realidades, a las ocho cada día. Un gran ejemplo de amor para el mundo, un amor generoso. Miles de WhatsApp que nos hacen reír, también es amor. La policía local de cada ciudad junto con la policía autonómica en la realidad autonómica de España aplaudiendo con sirenas y luces cada día en los hospitales, es amor. La Guardia Civil, esforzada como siempre y nuestra Unidad Militar de Emergencia, eficaz, muestran un papel esencial en la situación actual. Todo el conjunto sanitario (médicos, médicas, enfermeros, enfermeras, asistentes y administrativos) de España, no hay palabras, solo decir que es una impresionante demostración de amor ante la oscuridad. Ese aplauso con cada alta en un hospital es amor. Cada profesional, artesano, trabajador de España en estos tiempos es una demostración de amor. Cada familia confinada, seguro que su amor se refuerza. Familias hablando y viéndose cada día a través del móvil. Hay también personas solas confinadas, con seguridad nos dan amor pero debemos enviarles también mucho amor. Cuidemos a los mayores, nos han dado y nos dan mucho amor. Cumplamos el confinamiento con amor a todos.

Con tanto amor, también tenemos fe. Fe en los que deciden, en los que nos cuidan, fe en nuestras familias, fe en nosotros mismos. Y esperanza, mucha esperanza. Fe, esperanza y amor unas grandes armas en los tiempos del coronavirus. La virtud es una disposición habitual y firme a hacer el bien, España está demostrando al mundo ser una comunidad virtuosa, un colectivo unido ante la dificultad. Hemos de afrontar el futuro igual, una comunidad unida ante la adversidad. El futuro económico no puede ser oscuro lleno de incertidumbres para muchas personas, especialmente las desposeídas, hay que velar por ello. La Unión Europea debe poner de manifiesto que somos una comunidad, un colectivo donde unos velan por otros, donde los que más tienen velan por los que menos poseen. Nuestro Gobierno debe velar por ello de manera intensa, velar por los trabajadores, las pymes y los autónomos. No podemos quebrar más el estado de bienestar. El Papa Francisco ha dicho que los que no pagan los debidos impuestos no solo infractores sino criminales porque tienen la culpa de que no haya mascarillas o respiradores. Fe, esperanza y amor unas grandes armas en los tiempos del coronavirus en una España solidaria y unida.

23 DE MARZO 2020

REFERENCIA

https://www.archisevilla.org/fe-esperanza-y-caridad-en-tiempos-del-coronavirus/

LAS VIRTUDES TEOLOGALES: FE, ESPERANZA Y CARIDAD

En la naturaleza humana existe una disposición y capacidad para la virtud. Por: P. Antonio Rivero L.C. | Fuente: Catholic.net

INTRODUCCIÓN

Siempre que se comienza a hablar de virtudes teologales, quizás algunas personas se disponen a aguantar un discurso hecho de prescripciones, un sermón que perciben como alejado de los propios intereses. Las virtudes teologales parecen estar reservadas a pocos, mientras que la mayoría no tiene ocasión de practicar ni de conocer a fondo, sobre todo si está ocupada en los asuntos de este mundo. Algo teórico, pues, para la mayor parte de los comunes mortales, que toca muy poco el propio interés y la propia vida.

Y no debería ser así. Porque la vida de fe, esperanza y caridad debería ser el hábitat y la atmósfera en que respira el cristiano, so pena de asfixiarse y ahogarse con el smog materialista de nuestro mundo.

I.LAS VIRTUDES EN GENERAL

Las virtudes no son una cosa que uno se pone, ni un título de estudios. Ni siquiera la virtud es un don natural con el que nacemos, porque si así fuera no sería virtud. Sin embargo, hay que aclarar que en la naturaleza humana existe una disposición y la capacidad para la virtud que facilita la adquisición de las mismas cuando se ponen los medios adecuados para ello.

Virtud es una disposición habitual del hombre, adquirida por el ejercicio repetido de actuar consciente y libremente en orden a la perfección o al bien. La virtud para que sea virtud tiene que ser habitual, y no un acto esporádico, aislado. Es como una segunda naturaleza a la hora de actuar, pensar, reaccionar, sentir. Lo contrario a la virtud es el vicio, que es también un hábito adquirido por la repetición de actos contrarios al bien.

II.VIRTUDES TEOLOGALES

Son tres: fe, esperanza y caridad. Fueron infundidas por Dios en nuestra alma el día de nuestro bautismo, pero como semilla, que había que hacer crecer con nuestro esfuerzo, oración, sacrificio.

1.Fin de las virtudes teologales:

Dios nos dio estas virtudes para que seamos capaces de actuar a lo divino, es decir, como hijos de Dios, y así contrarrestar los impulsos naturales inclinados al egoísmo, comodidad, placer.

2. Características de las virtudes teologales

a) Son dones de Dios, no conquista ni fruto del hombre.
b) No obstante, requieren nuestra colaboración libre y consciente para que se perfeccionen y crezcan.
c) No son virtudes teóricas, sino un modo de ser y de vivir.
d) Van siempre juntas las tres virtudes.

III. LA VIRTUD TEOLOGAL DE LA FE

1.Definición

Es un don, una luz divina por la cual somos capaces de reconocer a Dios, ver su mano en cuanto nos sucede y ver las cosas como Él las ve. Por tanto, la fe no es un conocimiento teórico, abstracto, de doctrinas que debo aprender. La fe es la luz para poder entender las cosas de Dios

2.Características:

a) La fe *es un encuentro con Dios*, con su designio de salvación. Y con la fe el hombre responde libremente a ese encuentro con Dios entregándose a Él, con la inteligencia y la voluntad.

b) La fe *es sencilla,* no está hecha de elucubraciones y discursos, sino de verdadera adhesión a Dios, como María, como Abraham.

c) La fe *es vital,* es decir, debe cambiar mi vida, demostrarse en mi vida. Por eso, hay que vivir de fe.

d) La fe *es experiencial,* es decir, es un conocimiento de Dios en la intimidad. Los que tienen fe gozan de Dios. No es un sentimiento, sino un conocimiento del espíritu que Dios nos concede para intimar con Él. Este conocimiento experimental de Dios tiene sus momentos privilegiados para manifestarse a las almas: en el sacrificio, el dolor, en los momentos de prueba, cuando se requiere de humildad y de un mayor desprendimiento de sí mismos.

e) La fe *es objetiva,* es decir, no se queda a nivel subjetivo, intimista, sino que creemos en un Dios que se ha revelado a través de la Palabra que hemos recibido de la Iglesia; Palabra que es preciso conocer, aprender y hacerla vida. Los dogmas de la Iglesia son luces en el camino de nuestra fe; lo iluminan y lo hacen seguro.

f) La fe termina en *compromiso.* Compromete mi vida con Dios en la fidelidad a su Ley y en la donación total a Él. Compromiso de defenderla con mi palabra y testimonio, alimentarla con la continua lectura y meditación de la Biblia y difundirla a mi alrededor en el apostolado.

IV. LA VIRTUD TEOLOGAL DE LA ESPERANZA

¿Cómo debe reaccionar un cristiano ante el mal, los problemas, las dificultades de la vida? Hay quienes caen en el desaliento y piensan que no hay nada que hacer, que todo es inútil. Hay otros que dicen que nuestra esperanza es ingenuidad e idealismo. Hay quien nos dice que la esperanza es algo egoísta. ¿Por qué no es propio de un cristiano el desaliento y la desesperación? ¿En verdad Dios actúa en nuestras vidas? ¿Cuál debe ser la mayor aspiración de un cristiano?

1.Definición

Es la virtud teologal por la cual deseamos a Dios como Bien Supremo y confiamos firmemente alcanzar la felicidad eterna y los medios para ello.

2.Fundamento

Vivo confiado en esta esperanza porque creo en Cristo que es Dios omnipotente y bondadoso y no puede fallar a sus promesas. Así dice el Eclesiástico: "Sabed que nadie esperó en el Señor que fuera confundido. ¿Quién que permaneciera fiel a sus mandamientos, habrá sido abandonado por Él, o quién, que le hubiere invocado, habrá sido por Él despreciado?Porque el Señor tiene piedad y misericordia" (2, 11-12).

3.Efectos

a) Pone en nuestros corazón el deseo del cielo y de la posesión de Dios, desasiéndonos de los bienes terrenales.

b) Hace eficaces nuestras peticiones.

c) Nos da el ánimo y la constancia en la lucha, asegurándonos el triunfo.

d) Nos proyecta al apostolado, pues queremos que sean muchos los que lleguen a la posesión de Dios.

4.Obstáculos

a) *Presunción:* esperar de Dios el cielo y las gracias necesarias para llegar a él, sin poner por nuestra parte los medios necesarios.

b) *Desaliento y desesperación:* harta tentados y a veces vencidos en la lucha, se desaniman y piensan que jamás podrán enmendarse y comienzan a desesperar de su salvación.

5.La Eucaristía, prenda del mundo venidero

La esperanza de la venida del Reino se realiza ya de manera misteriosa y verdadera en la comunión eucarística. La comunión es el comenzar a gustar esa promesa del cielo y alimentar el deseo de la posesión eterna. Es una anticipación de la vida eterna aquí en la tierra. Y es la seguridad y la certeza de nuestra esperanza.

V.LA VIRTUD TEOLOGAL DE LA CARIDAD

La fe y la esperanza no tienen ningún sentido si no desembocan en el amor sobrenatural o caridad cristiana. Por la fe tenemos el conocimiento de Dios, por la esperanza confiamos en el cumplimiento de las promesas de Cristo y por la caridad obramos de acuerdo a las enseñanzas del Evangelio.

1.Definición

Es la virtud por la que podemos amar a Dios y a nuestros hermanos por Dios. Por la caridad y en la caridad, Dios nos hace partícipes de su propio ser que es Amor. La experiencia del amor de Dios la han vivido muchos hombres. San Pablo dice: "Me amó y se entregó por mí". Y quienes han experimentado este amor han quedado satisfechos y han dejado todas las seguridades de la vida para corresponder a este amor de Dios.

2. Características del amor de Dios

a) El amor de Dios es lo más cierto y lo más seguro: existió desde siempre, estaba antes que naciéramos. Una vez que es encontrado, se llega incluso a tener la sensación de haber perdido inútilmente el tiempo, entretenidos y angustiados por muchas cosas por las que no merecía la pena haber luchado y vivido.

b) El amor de Dios es sólido y firme, es como la roca de la que nos habla el evangelio. El amor humana hay que sostenerlo continuamente, alimentarlo constantemente...so pena de apagarse.

c) El amor de Dios es siempre nuevo, fresco y bello en cada instante. La experiencia de san Agustín es muy reveladora: *¡Tarde te amé, Hermosura tan antigua y tan nueva, tarde te amé! Y Tú estabas dentro de mí y yo fuera, y así por fuera te buscaba; y deforme como era me lanzaba sobre las cosas hermosas que Tú creaste. Tú estabas conmigo mas yo no estaba contigo... Me llamaste y clamaste y quebrantaste mi sordera; brillaste y resplandeciste y curaste mi ceguera; exhalaste tu perfume y lo aspiré y ahora te anhelo; gusté de Ti, y ahora siento hambre y sed de Ti; me tocaste y deseé con ansia la paz que procede de Ti* (Confesiones).

d) El amor de Dios es perpetuo, no se acaba, no se cansa, no tiene límites. Si hay dificultades no es por Dios.

3. Características del amor

a) **La sinceridad y la pureza:** debe ser un amor que nace de la interioridad de la persona. No puede ser un amor de apariencias. Jesús mira siempre el corazón de la gente y por eso alaba a esa pecadora arrepentida y echa en cara la hipocresía de los fariseos.

b) **El servicio al necesitado:** socorrer al que tiene necesidad en el cuerpo o en el alma.

Cristo cura las enfermedades, da de comer, consuela a los tristes, ilumina la mente y el corazón, ofrece el perdón. Servir al otro, porque percibimos el valor de las almas y de su salvación.

c) **El perdón y la misericordia:** son las expresiones más exquisitas del amor que Dios nos ofrece, a través del ejemplo de su Hijo Jesucristo. Posiblemente la faceta del perdón que más cuesta es el olvido de las injurias y de la difamación. Solamente la gracia de Dios puede conceder la paz, el perdón y el amor hacia el difamador.

d) **Universalidad y delicadeza:** Universal, porque tengo que amar a todos, por ser hijos amados de Dios. Delicada, porque busca manifestarse en las cosas pequeñas, tiene en cuenta las características y sensibilidad de cada persona.

4. Himno a la caridad de san Pablo (1 Cor, 13, 1ss)

a) Es paciente, no se irrita: paciencia no es ese encogerse de hombros ante las contrariedades y aguantar hasta tiempos mejores, ni ese "qué se le va hacer". Es aguante pero positivo -cara a Dios- que se sobrepone a la indiferencia, a las contrariedades, a los malos tiempos, a la ingratitud, porque descansa en Dios.

b) Es benigna: engendra el bien, dulzura, bondad

c) No es envidiosa, ni se hincha: porque se da.

d) Todo lo tolera, no es interesada

e) Todo lo excusa, no es descortés, todo lo espera

f) Se complace en la verdad.

G) La caridad no pasará jamás.

5. Resumen de la ley

Jesucristo en el Evangelio predica el amor a Dios sobre todas las cosas y el amor al prójimo como a sí mismo, como el principal mandamiento. Predica las dos reglas como único mandamiento. Esto quiere decir que el amor de Dios y a Dios, cuando es

verdadero, hace brotar necesariamente el amor hacia los hombres, nuestros hermanos. La caridad divina tiene la peculiaridad de vaciarnos del egoísmo y de vivir en todo la entrega y la generosidad, es decir, el amor. Cuando hay discordias y egoísmos, Dios no está en esa alma. Pero cuando hay apertura, sencillez, disponibilidad, desapego, servicio, perdón...entonces es señal de la presencia de Dios en esa alma.
El amor al prójimo significa búsqueda del bien de todos los hombres que están al alcance de tus obras: tus familiares, amigos, compañeros de estudio o trabajo, todos aquellos que caminan contigo, aún los que te han causado algún daño.

CONCLUSIÓN

En el amor de Dios se crece cada día, practicándolo y abnegándose. En el amor se camina, se crece, con la gracia de Dios. Este amor se demuestra cumpliendo la voluntad de Dios, observando sus mandamientos, poniendo atención a las inspiraciones del E.S., siendo fieles a los deberes del propio estado.
El que tiene verdadera caridad es un apóstol entre sus hermanos y es capaz de superar todo temor y respeto humano.

□**Preguntas o comentarios al autor**

P. Antonio Rivero LC

REFERENCIA

https://es.catholic.net/op/articulos/43338/cat/31/las-virtudes-teologales-fe-esperanza-y-caridad.html#modal

CATECISMO DE LA IGLESIA CATOLICA

TERCERA PARTE

LA VIDA EN CRISTO

PRIMERA SECCIÓN

LA VOCACIÓN DEL HOMBRE: LA VIDA EN EL ESPÍRITU

CAPÍTULO PRIMERO

LA DIGNIDAD DE LA PERSONA HUMANA

II. Las virtudes teologales

1812 Las virtudes humanas se arraigan en las virtudes teologales que adaptan las facultades del hombre a la participación de la naturaleza divina (cf *2 P* 1, 4). Las virtudes teologales se refieren directamente a Dios. Disponen a los cristianos a vivir en relación con la Santísima Trinidad. Tienen como origen, motivo y objeto a Dios Uno y Trino.

1813 Las virtudes teologales fundan, animan y caracterizan el obrar moral del cristiano. Informan y vivifican todas las virtudes morales. Son infundidas por Dios en el alma de los fieles para hacerlos capaces de obrar como hijos suyos y merecer la vida eterna. Son la garantía de la presencia y la acción del Espíritu Santo en las facultades del ser humano. Tres son las virtudes teologales: la fe, la esperanza y la caridad (cf *1 Co* 13, 13).

La fe

1814 La fe es la virtud teologal por la que creemos en Dios y en todo lo que Él nos ha dicho y revelado, y que la Santa Iglesia nos propone, porque Él es la verdad misma. Por la fe "el hombre se entrega entera y libremente a Dios" (DV 5). Por eso el creyente se esfuerza por conocer y hacer la voluntad de Dios. "El justo [...] vivirá por la fe" (*Rm* 1, 17). La fe viva "actúa por la caridad" (*Ga* 5, 6).

1815 El don de la fe permanece en el que no ha pecado contra ella (cf Concilio de Trento: DS 1545). Pero, "la fe sin obras está muerta" (*St* 2, 26): privada de la esperanza y de la caridad, la fe no une plenamente el fiel a Cristo ni hace de él un miembro vivo de su Cuerpo.

1816 El discípulo de Cristo no debe sólo guardar la fe y vivir de ella sino también profesarla, testimoniarla con firmeza y difundirla: "Todos [...] vivan preparados para confesar a Cristo ante los hombres y a seguirle por el camino de la cruz en medio de las persecuciones que nunca faltan a la Iglesia" (LG 42; cf DH 14). El servicio y el testimonio de la fe son requeridos para la salvación: "Todo [...] aquel que se declare por mí ante los hombres, yo también me declararé por él ante mi Padre que está en los cielos; pero a quien me niegue ante los hombres, le negaré yo también ante mi Padre que está en los cielos" (*Mt* 10, 32-33).

La esperanza

1817. La esperanza es la virtud teologal por la que aspiramos al Reino de los cielos y a la vida eterna como felicidad nuestra, poniendo nuestra confianza en las promesas de Cristo y apoyándonos no en nuestras fuerzas, sino en los auxilios de la gracia del Espíritu Santo. "Mantengamos firme la confesión de la esperanza, pues fiel es el autor de la promesa" (*Hb* 10,23). "El Espíritu Santo que Él derramó sobre nosotros con largueza por medio de Jesucristo nuestro Salvador para que, justificados por su gracia, fuésemos constituidos herederos, en esperanza, de vida eterna" (*Tt* 3, 6-7).

1818 La virtud de la esperanza corresponde al anhelo de felicidad puesto por Dios en el corazón de todo hombre; asume las esperanzas que inspiran las actividades de los hombres; las purifica para ordenarlas al Reino de los cielos; protege del desaliento; sostiene en todo desfallecimiento; dilata el corazón en la espera de la bienaventuranza eterna. El impulso de la esperanza preserva del egoísmo y conduce a la dicha de la caridad.

1819 La esperanza cristiana recoge y perfecciona la esperanza del pueblo elegido que tiene su origen y su modelo en la *esperanza de Abraham* en las promesas de Dios; esperanza colmada en Isaac y purificada por la prueba del sacrificio (cf *Gn* 17, 4-8; 22, 1-18). "Esperando contra toda esperanza, creyó y fue hecho padre de muchas naciones" (*Rm* 4, 18).

1820 La esperanza cristiana se manifiesta desde el comienzo de la predicación de Jesús en la proclamación de las bienaventuranzas. Las *bienaventuranzas* elevan nuestra esperanza hacia el cielo como hacia la nueva tierra prometida; trazan el camino hacia ella a través de las pruebas que esperan a los discípulos de Jesús. Pero por los méritos de Jesucristo y de su pasión, Dios nos guarda en "la esperanza que no falla" (*Rm* 5, 5). La esperanza es "el ancla del alma", segura y firme, que penetra... "a donde entró por nosotros como precursor Jesús" (*Hb* 6, 19-20). Es también un arma que nos protege en el combate de la salvación: "Revistamos la coraza de la fe y de la caridad, con el yelmo de la esperanza de salvación" (*1 Ts* 5, 8). Nos procura el gozo en la prueba misma: "Con la alegría de la esperanza; constantes en la tribulación" (*Rm* 12, 12). Se expresa y se alimenta en la oración, particularmente en la del *Padre Nuestro*, resumen de todo lo que la esperanza nos hace desear.

1821 Podemos, por tanto, esperar la gloria del cielo prometida por Dios a los que le aman (cf *Rm* 8, 28-30) y hacen su voluntad (cf *Mt* 7, 21). En toda circunstancia, cada uno debe esperar, con la gracia de Dios, "perseverar hasta el fin" (cf *Mt* 10, 22; cf Concilio de Trento: DS 1541) y obtener el gozo del cielo, como eterna recompensa de Dios por las obras buenas realizadas con la gracia de Cristo. En la esperanza, la Iglesia implora que "todos los hombres [...] se salven" (*1Tm* 2, 4). Espera estar en la gloria del cielo unida a Cristo, su esposo:

«Espera, espera, que no sabes cuándo vendrá el día ni la hora. Vela con cuidado, que todo se pasa con brevedad, aunque tu deseo hace lo cierto dudoso, y el tiempo breve largo. Mira que mientras más peleares, más mostrarás el amor que tienes a tu Dios y más te gozarás con tu Amado con gozo y deleite que no puede tener fin» (Santa Teresa de Jesús, *Exclamaciones del alma a Dios*, 15, 3)

La caridad

1822 La caridad es la virtud teologal por la cual amamos a Dios sobre todas las cosas por Él mismo y a nuestro prójimo como a nosotros mismos por amor de Dios.

1823 Jesús hace de la caridad el *mandamiento nuevo* (cf *Jn* 13, 34). Amando a los suyos "hasta el fin" (*Jn* 13, 1), manifiesta el amor del Padre que ha recibido. Amándose unos a otros, los discípulos imitan el amor de Jesús que reciben también en ellos. Por eso Jesús dice: "Como el Padre me amó, yo también os he amado a vosotros; permaneced en mi amor" (*Jn* 15, 9). Y también: "Este es el mandamiento mío: que os améis unos a otros como yo os he amado" (*Jn* 15, 12).

1824 Fruto del Espíritu y plenitud de la ley, la caridad guarda los *mandamientos* de Dios y de Cristo: “Permaneced en mi amor. Si guardáis mis mandamientos, permaneceréis en mi amor” (*Jn* 15, 9-10; cf *Mt* 22, 40; *Rm* 13, 8-10).

1825 Cristo murió por amor a nosotros cuando éramos todavía “enemigos” (*Rm* 5, 10). El Señor nos pide que amemos como Él hasta a nuestros *enemigos* (cf *Mt* 5, 44), que nos hagamos prójimos del más lejano (cf *Lc* 10, 27-37), que amemos a los niños (cf *Mc* 9, 37) y a los pobres como a Él mismo (cf *Mt* 25, 40.45).

El apóstol san Pablo ofrece una descripción incomparable de la caridad: «La caridad es paciente, es servicial; la caridad no es envidiosa, no es jactanciosa, no se engríe; es decorosa; no busca su interés; no se irrita; no toma en cuenta el mal; no se alegra de la injusticia; se alegra con la verdad. Todo lo excusa. Todo lo cree. Todo lo espera. Todo lo soporta» (*1 Co* 13, 4-7).

1826 Si no tengo caridad —dice también el apóstol— “nada soy...”. Y todo lo que es privilegio, servicio, virtud misma... si no tengo caridad, “nada me aprovecha” (*1 Co* 13, 1-4). La caridad es superior a todas las virtudes. Es la primera de las virtudes teologales: “Ahora subsisten la fe, la esperanza y la caridad, estas tres. Pero *la mayor de todas ellas es la caridad*” (1 Co 13,13).

1827 El ejercicio de todas las virtudes está animado e inspirado por la caridad. Esta es “el vínculo de la perfección” (*Col* 3, 14); es la *forma de las virtudes*; las articula y las ordena entre sí; es fuente y término de su práctica cristiana. La caridad asegura y purifica nuestra facultad humana de amar. La eleva a la perfección sobrenatural del amor divino.

1828 La práctica de la vida moral animada por la caridad da al cristiano la libertad espiritual de los hijos de Dios. Este no se halla ante Dios como un esclavo, en el temor servil, ni como el mercenario en busca de un jornal, sino como un hijo que responde al amor del "que nos amó primero" (*1 Jn* 4,19):

«O nos apartamos del mal por temor del castigo y estamos en la disposición del esclavo, o buscamos el incentivo de la recompensa y nos parecemos a mercenarios, o finalmente obedecemos por el bien mismo del amor del que manda [...] y entonces estamos en la disposición de hijos» (San Basilio Magno, *Regulae fusius tractatae* prol. 3).

1829 La caridad tiene por *frutos* el gozo, la paz y la misericordia. Exige la práctica del bien y la corrección fraterna; es benevolencia; suscita la reciprocidad; es siempre desinteresada y generosa; es amistad y comunión:

«La culminación de todas nuestras obras es el amor. Ese es el fin; para conseguirlo, corremos; hacia él corremos; una vez llegados, en él reposamos» (San Agustín, *In epistulam Ioannis tractatus,* 10, 4).

REFERENCIA

https://www.vatican.va/archive/catechism_sp/p3s1c1a7_sp.html

I CORINTIOS 13

"1. Aunque hablara las lenguas de los hombres y de los ángeles, si no tengo caridad, soy como bronce que suena o címbalo que retiñe. 2. Aunque tuviera el don de profecía, y conociera todos los misterios y toda la ciencia; aunque tuviera plenitud de fe como para trasladar montañas, si no tengo caridad, nada soy. 3. Aunque repartiera todos mis bienes, y entregara mi cuerpo a las llamas, si no tengo caridad, nada me aprovecha. 4.

La caridad es paciente, es servicial; la caridad no es envidiosa, no es jactanciosa, no se engríe; 5. es decorosa; no busca su interés; no se irrita; no toma en cuenta el mal; 6. no se alegra de la injusticia; se alegra con la verdad. 7. Todo lo excusa. Todo lo cree. Todo lo espera. Todo lo soporta. 8. La caridad no acaba nunca. Desaparecerán las profecías. Cesarán las lenguas. Desaparecerá la ciencia. 9. Porque parcial es nuestra ciencia y parcial nuestra profecía. 10. Cuando vendrá lo perfecto, desaparecerá lo parcial. 11. Cuando yo era niño, hablaba como niño, pensaba como niño, razonaba como niño. Al hacerme hombre, dejé todas las cosas de niño. 12. Ahora vemos en un espejo, en enigma. Entonces veremos cara a cara. Ahora conozco de un modo parcial, pero entonces conoceré como soy conocido. 13. Ahora subsisten la fe, la esperanza y la caridad, estas tres. Pero la mayor de todas ellas es la caridad."

REFERENCIA

https://www.bibliacatolica.com.br/la-biblia-de-jerusalen/i-corintios/13/

MENSAJE DEL PAPA EN CUARESMA: "FE, PESPERANZA Y CARIDAD PARA NUESTRA CONVERSIÒN"

En su mensaje para la Cuaresma 2021, el Santo Padre Francisco alienta a los cristianos a prepararse para la celebración de la Pascua, recorriendo un camino de conversión basado en tres puntos clave: La fe, la esperanza y la caridad, expresadas en tres gestos concretos que podemos aplicar en nuestra vida diaria: el ayuno, la oración y la limosna.

Sofía Lobos - Ciudad del Vaticano

El Papa Francisco ha dado a conocer hoy su mensaje con motivo de la Cuaresma 2021, que lleva como título **«Mirad, estamos subiendo a Jerusalén...» (Mt 20,18). Cuaresma: un tiempo para renovar la fe, la esperanza y la caridad.**

11/02/2021

El Papa: oración por los enfermos y por quienes cuidan de ellos en la pandemia

Recorriendo el camino cuaresmal, que nos conducirá a las celebraciones pascuales, el Santo Padre invita a los fieles a vivir plenamente este **tiempo de conversión**, *«renovando nuestra fe, saciando nuestra sed con el "agua viva" de la esperanza y recibiendo con el corazón abierto el amor de Dios que nos convierte en hermanos y hermanas en Cristo».*

Caminando hacia nuestra conversión

Y en este camino de preparación para la noche de Pascua, en la que -recuerda Francisco- renovaremos las promesas de nuestro Bautismo, "para renacer como hombres y mujeres nuevos"; resulta fundamental consolidar tres pilares que nos ayudan en nuestra conversión: El ayuno, la oración y la limosna, tal como los presenta Jesús en su predicación *(cf. Mt 6,1-18).*

"La vía de la pobreza y de la privación (el ayuno), la mirada y los gestos de amor hacia el hombre herido (la limosna) y el diálogo filial con el Padre (la oración) nos permiten encarnar una fe sincera, una esperanza viva y una caridad operante"

La fe nos llama a acoger la Verdad y a ser testigos

Asimismo, en su mensaje el Pontífice señala que la fe nos llama en este tiempo litúrgico, "a acoger la Verdad y a ser testigos", ante Dios y ante nuestros hermanos y hermanas.

"Es por ello que en este tiempo de Cuaresma, acoger y vivir la Verdad que se manifestó en Cristo, significa ante todo dejarse alcanzar por la Palabra de Dios, que la Iglesia nos transmite de generación en generación. Esta Verdad no es una construcción del intelecto, destinada a pocas mentes elegidas, superiores o ilustres, sino que es un mensaje que recibimos y podemos comprender gracias a la inteligencia del corazón,

abierto a la grandeza de Dios que nos ama antes de que nosotros mismos seamos conscientes de ello. Esta Verdad es Cristo mismo que, asumiendo plenamente nuestra humanidad, se hizo Camino —exigente pero abierto a todos— que lleva a la plenitud de la Vida"

En este sentido, Francisco subraya que el **ayuno** vivido como experiencia de privación (para quienes lo viven con sencillez de corazón), "lleva a descubrir de nuevo el don de Dios y a comprender nuestra realidad de criaturas que, a su imagen y semejanza, encuentran en Él su cumplimiento", porque ayunar significa liberar nuestra existencia de todo lo que la abarrota, "incluso de la saturación de información -verdadera o falsa- y de productos de consumo", para permitir que Dios habite en nosotros.

La esperanza como "agua viva" en el camino

Por otra parte, el Santo Padre destaca el elemento de la esperanza como "agua viva" que nos permite continuar nuestro camino de conversión.

"La samaritana, a quien Jesús pide que le dé de beber junto al pozo, no comprende cuando Él le dice que podría ofrecerle un «agua viva» (Jn 4,10). Al principio, naturalmente, ella piensa en el agua material, mientras que Jesús se refiere al Espíritu Santo, aquel que Él dará en abundancia en el Misterio pascual y que infunde en nosotros la esperanza que no defrauda. Al anunciar su pasión y muerte Jesús ya anuncia la esperanza, cuando dice: «Y al tercer día resucitará» (Mt 20,19)"

"Jesús nos habla del futuro que la misericordia del Padre ha abierto de par en par", continúa Francisco: "Esperar con Él y gracias a Él quiere decir creer que la historia no termina con nuestros errores, nuestras violencias e injusticias, ni con el pecado que crucifica al Amor".

El Papa también hace hincapié en las grandes dificultades que atravesamos como humanidad, especialmente en este tiempo de pandemia, "en el que todo parece frágil e incierto" y donde "hablar de esperanza podría parecer una provocación".

"El tiempo de Cuaresma está hecho para esperar, para volver a dirigir la mirada a la paciencia de Dios, que sigue cuidando de su Creación, mientras que nosotros a menudo la maltratamos (cf. Carta enc. Laudato si', 32-33;43-44). Es esperanza en la reconciliación, a la que san Pablo nos exhorta con pasión: «Os pedimos que os reconciliéis con Dios» (2 Co 5,20). Al recibir el perdón, en el Sacramento que está en el corazón de nuestro proceso de conversión, también nosotros nos convertimos en difusores del perdón: al haberlo acogido nosotros, podemos ofrecerlo"

Sentir que Dios "hace nuevas todas las cosas"

Por tanto, para Francisco, vivir una Cuaresma con esperanza significa sentir que, en Jesucristo, "somos testigos del tiempo nuevo" en el que Dios "hace nuevas todas las cosas".

Caridad vivida tras las huellas de Cristo

Como último punto de su mensaje, centrándose siempre en el proceso de conversión al que estamos llamados a vivir como cristianos en esta Cuaresma, el Papa destaca la caridad, "vivida tras las huellas de Cristo, mostrando atención y compasión por cada persona", ya que se trata de la expresión más alta de nuestra fe y nuestra esperanza.

"La caridad se alegra de ver que el otro crece. Por este motivo, sufre cuando el otro está angustiado: solo, enfermo, sin hogar, despreciado, en situación de necesidad... La caridad es el impulso del corazón que nos hace salir de nosotros mismos y que suscita el vínculo de la cooperación y de la comunión. La caridad es don que da sentido a nuestra vida y gracias a este consideramos a quien se ve privado de lo necesario como un miembro de nuestra familia, amigo, hermano. Lo poco que tenemos, si lo

compartimos con amor, no se acaba nunca, sino que se transforma en una reserva de vida y de felicidad"

Ayuda a los necesitados en esta pandemia

"Y así sucede con **nuestra limosna**, ya sea grande o pequeña, si la damos con gozo y sencillez", añade el Sucesor de Pedro indicando que vivir una Cuaresma de caridad "quiere decir cuidar a quienes se encuentran en condiciones de sufrimiento, abandono o angustia a causa de la pandemia de COVID-19

**El mensaje del Papa está firmado en Roma, San Juan de Letrán, el 11 de noviembre de 2020, memoria de san Martín de Tours.*

REFERENCIA

https://www.vaticannews.va/es/papa/news/2021-02/mensaje-papa-francisco-cuaresma-2021-covid-fe-esperanza-caridad.html

Printed by Books on Demand GmbH, Norderstedt / Germany